AF369600

Explication
facile et briefue
des cinq ordres
d'Architecture
demonstrées
Par
M.e Fromon
Deuotte Architecte
ordinaire du Roy.
A Paris
chez L'Autheur rue de Verbois
1644

V. 349.

A Monseigneur

Monseigneur Messire Jean Antoine De Mesmes Cheuallier Seigneur
d'Irual Cramoyel Largery Et autres lieux Viconte de breuil et Vendeuil
Con.er ordinaire du Roy en Ses conseils d'Estat et priué et direction de ses ——
Finances

Monseigneur

La passion que vous tesmoignez a toutes sortes de Sciences et d'arts liberaux et la
Singuliere inclinaõn que vous m'auez faict parestre a L'architecture par les bastimens ——
ausquels vous m'auez faict l'honneur de m'Employer me font croire que vous n'aurez point
desagreable ce petit discours que J'expose au Jour Sous l'auctorité de Vostre nom. Je ne
m'arresteray point a la maniere des Escriuains du temps a descrire artificieusement tant de
perfections et de hautes vertus, qui font reuerer vostre nom par tous ceux qui S'Estudient a'
Enrichir les arts et les Sciences de nouuelles inuentions Je Scay que vostre modestie qui
ayme mieux meriter la louange que la receuoir, auroit peine de le Souffrir, Dailleurs ——
aussy ma profession toute Employeé dans l'Entreprise et le Soing des hauts et Superbes ——
ouurages et qui n'a aucun commerce auec l'Estude de l'Eloquence ne me permet pas
de mettre la main Sur vne Si belle matiere, Je laisse volontiers vn sy noble project
a ceux qui le peuuent dignement desseigner et luy donner tous les Enrichissemens qu'il merite ——
Ce n'est pas Monseigneur sans beaucoup d'apprehension que Je donne ce petit ——
ouurage au public, qui paye ordinairem(t) de blasme, et d'Ingratitude les Seruices qu'on ——
luy rend Mais vne chose me console C'est que Je suis bien asseuré que ceux qui ——
blasmeront mon peu d'Esprit, et d'Industrie Seront pour le Moins contraincts de ——
Louer le Jugement que Je fais paroistre en donnant pour appuy a mes colomnes, l'vne des plus
Solides et plus ferme Soustient de cet Estat. J'espere que vous ne Serez pas Seullement
la colomne et L'appuy de mon trauail, Mais aussy que vous honorrerez toujours de Vostre
protection et bienueillance celuy que Vous auez obligé par tant de tesmoignages d'affection
a demeurer toute Sa Vie ——

Monseigneur.

Vostre tres humble
tres Obeissant et
tres fidelle Seruiteur
Decotte

Au Lecteur

Je me suis mille fois Estonné, comme dans vn Si grand nombre de Beaux Esprits
qui ont Escript de L'architecture auec tant de Soing et d'Industrie, Il ny en aye point
eu qui dans le traicté des colomnes nous aye fourny des moiens pour nous en
faciliter l'Vsage La plus part de ceux qui Se meslent au Jourdhuy de ce noble
exercice y Sont veritablement Scauants les ouurages que Nous voyous tous les
Jours en Sont des preuues assez claires: Mais leur Science est Semblable a celle
de cet Escolier malheureux lequel ayant receu vn mouchoir enchanté dvn magicien
ne pouuoit respondre aux demandes qui luy Estoient faictes qu'en L'applicant
dessus Son front, ainsy en est Il de toutes leurs cognoissances, elles Sont Enfermees
dans leurs liures de Sorte quámoins que de traisner tousjours auec eux ces
precepteurs muets, qui leur Seruent de regle, Ils ne Scauroient rien faire qui Soit dans
la Justesse requise: Ils Sont contraincts d'Imiter les peintres qui Employent
quasy plus de temps a considerer le Visage qu'Ils Veullent pourtraire quá la
pourtraicture mesme C'est a cette Incommodité que Je m'Efforce d'apporter vn
remede, ce n'est pas que Je presume rien de mon Esprit ny que Je me
croye plus habille que tant d'architectes qui Diuent Encores: ou qui mont
deuancé Mais côe chacun a Son Sens et comme les arts et les Sciences ne
Sont point en leur entiere perfection et possible ny Seront Ils Jamais: le
temps et l'experience me peuuent auoir donné des Lumieres, que personnes
peult estre n'á Encores exposees en public Si tu les trouue assez belles pour
t'Esclairer Sers t'en, et recois les d'aussy bon coeur comme Je te les
offre: J'ay bien du regret que ce Soit en Sy mauuais ordre et auec
vn discours Sy mal poly mais pourueu que Je Sois Intelligible Je croys
que tu Seras assez Courtois pour m'excuser Principalemt quand tu
Scauras que J'ay tousiours moins employé de temps a bien dire qu'a bien faire

A Dieu

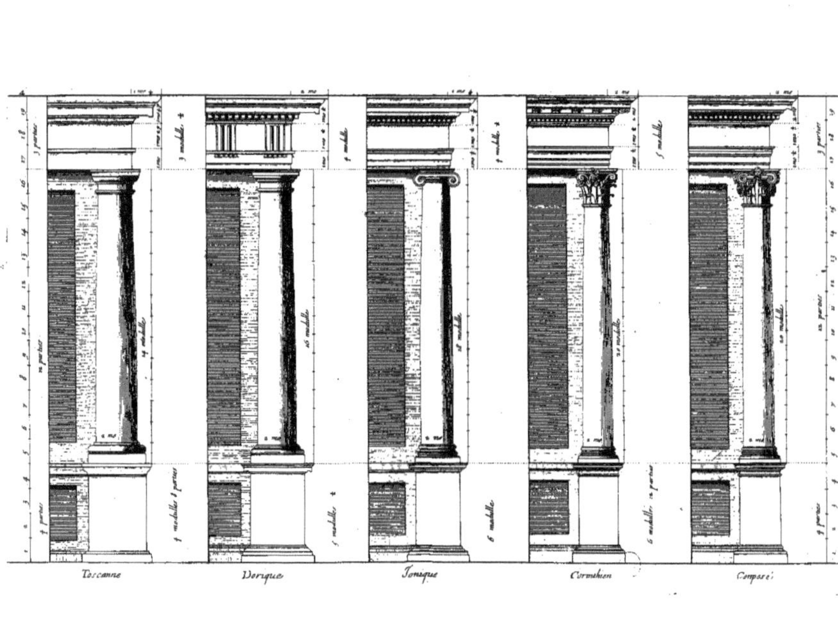

Toscanne
Dorique
Ionique
Corinthien
Composé

Explication
des cinq ordres D'architecture

Il y a cinq ordres de colomnes en l'architecture qui sont, Toscan, Dorique, ——
Jonique, Corinthien, Et Composé. Ils Sont representez en la figure Suiuante ——
Pour la facille déscription et construction desquels Nous expliqueront premierement ce —
qui est commun a tous, puis ce qui est particulier a vn chacun.

Ce qui Suit est commun a tous les ordres. Il fault diuiser la haulteur ——
donnéé quelle quelle Soit en dix neuf parties. puis en donner douze au tronc de
la colomne y compris Sa baze et Son chapiteau; Sept au piedestail Et au couronnement,
à Scauoir quatre au piedestail, et trois au couronnement, cest a dire a L'architraue
la frise et la corniche ensemble, de Sorte que le piedestail Est le tiers de la colomne,
L'architraue, la frise et la corniche Ensemble le quart. Telle est l'adiuision des deux lignes
qui Se Voient au commancement Et a la fin de la figure Suiuante.

Ce qui Suit est particulier. Il fault d'aultres diuisions pour trouuer les modules
et les proportions des parties de la colomnes. Elles Sont en vn chacun ordre telles comme Il Sensuit

Le Tronc de la Colomne Toscane, y compris comme cy dessus la base et Son chapiteau —
Se deuise en quatorze parties Cette quatorziesme partie est le module. Selon lequel on Mesure —
le diametre et les aultres petites parties de cet ordre de colomnes a Scauoir le piedestail la base,
le chapiteau, L'architraue, la frise Et la corniche.

Le Tronc de la colomne dorique Pris comme dessus Se diuise en Seze parties. —
cette Seziesme partie est le modulle de cette colomne,

Le module de ces deux ordres Se diuise en douze Parties; cest a dire, que la ——
quatorziesme partie de l'ordre Toscan et la Seziesme du Dorique Se Sousdiuise en douze —
pour marquer les Iustes proportions des modules.
La colomne Jonique Se partit en dixhuict, Laquelle dixhuictiesme partie Est
Son module.

La Corinthiénne, Et la Composée Se partit en vingt, Laquelle vingtiesme est Son module, la baze et le chapiteau Se doibuent Tousiours Entendre Joincts auec le tronc de la colomne.

Le module de ces Trois derniers ordres Se diuise en dixhuict parties, Toutes ces diuisions et proportions Se remarques à l'oeil en la figure Suiuante dans vn chacun des ordres.

Le diametre de toute colomne est de deux de ses modules depuis Sa baze Iusques au Tiers de Sa haulteur. depuis le Tiers de Sa haulteur Iusques au Collerain ou Astragale. Sous le chapiteau le diametre va diminuant de cinq parties de deux modules de Son ordre.——

Ce qui a Esté explicqué cy dessus Estant bien Entendu Il est fort facile, de recueillir Combien de modules doit auoir toute la haulteur de la colomne auec Son piedestail, et Son couronnement, et combien aussy chacune de Ses parties.

Car le tronc de la Toscane auec Sa baze et Son chapiteau Estant de quatorze modules, Il fault prendre le Tiers de quatorze, et vous aurez quatres Modules et huict parties pour le pied d'Estail, le quart pour L'architraue, frise et corniche, et vous aurez trois modules et demy. Joignez les Ensemble ce Seront huict modules deux parties pour le piedestail et le couronnement, et par consequent Toute la haulteur de la colomne sera de Vingt deux modules. et deux parties.

La Dorique Contient Seze modules. Prenez en le tiers pour le piedestail, ce seront Cinq et quatres parties; Et vn quart pour le couronnement, ce sont quatres modules Joignes les ensemble, et auec les modules du tronc baze et chapiteau Toute la haulteur Sera de vingt cinq modules et quatre parties.

Il Faut Proceder en la mesme Maniere et ordres Suiuants, pour Treuuer Conbien de Modules et de parties de Modules a toute la haulteur de la Colomne, et chacune de Ses principalles parties: Outre que cela est marqué dans les figures, Suiuantes en chacun des ordres, Il est fort aisé de Se le remetre dans la memoire, et de le pratiquer.

Les quatre premiers ordres, a Scauoir, Toscan, Dorique, Ionique, et Corinthien, Sont
proportionnez pour Estre mis les vns Sur les autres,——

Les Figures qui Suiuent des Cinq ordres Darchitecture, Sont pour faire cognoistre au doit
et a loeil les diuisions et proportions particulieres d'vne chacune des parties de la colomne en——
vn chacun des cinq ordres, Du piedestal, de la baze, du chapiteau, de l'architraue, frise, et Corniche——
La Veue d'vne chacune des figures de ces parties comme nous les auons d'Escrites et——
punctuellement marquées Instruira assez L'ouurier Sans qu'Il Soit besoing d'vne plus——
longue explication.

Ceux qui Sont Entendus en la construction des ordres Susdicts, pouront changer quelque——
chose en l'architecture des corniches et aultres petites parties pourueu que dans leur change:
ment Soient Tousiours obserués exactem.t les proportions que nous auons données.

L'architecte doit aussy Prendre garde lors que L'occasion luy est donnée——
d'Esleuer quelque ordre de colomnes au frontispice des temples, des palais, des hostels——
grands portiques et ars Triumphaux que le tronc des colomnes Soit au moins de deux——
peds de diametre, ou peu au dessous: et aussy de ne mettre que deux Estages ou ordres
de colomnes L'vn Sur l'aultre les proportions en Seront plus belles et agreables——
Encas que l'on voulust y en adjouster vn troisiesme Il doit estre atticque.

Pour ce qui Regarde La Menuizerie Sculpture Comme les tabernacles, les
contretables des hostelz Les Sepultures et Epitaphes, les ordres d'Architecture Sy peiuent
Enployer en petit, et non aultrement.

Toscan,

Dorique,

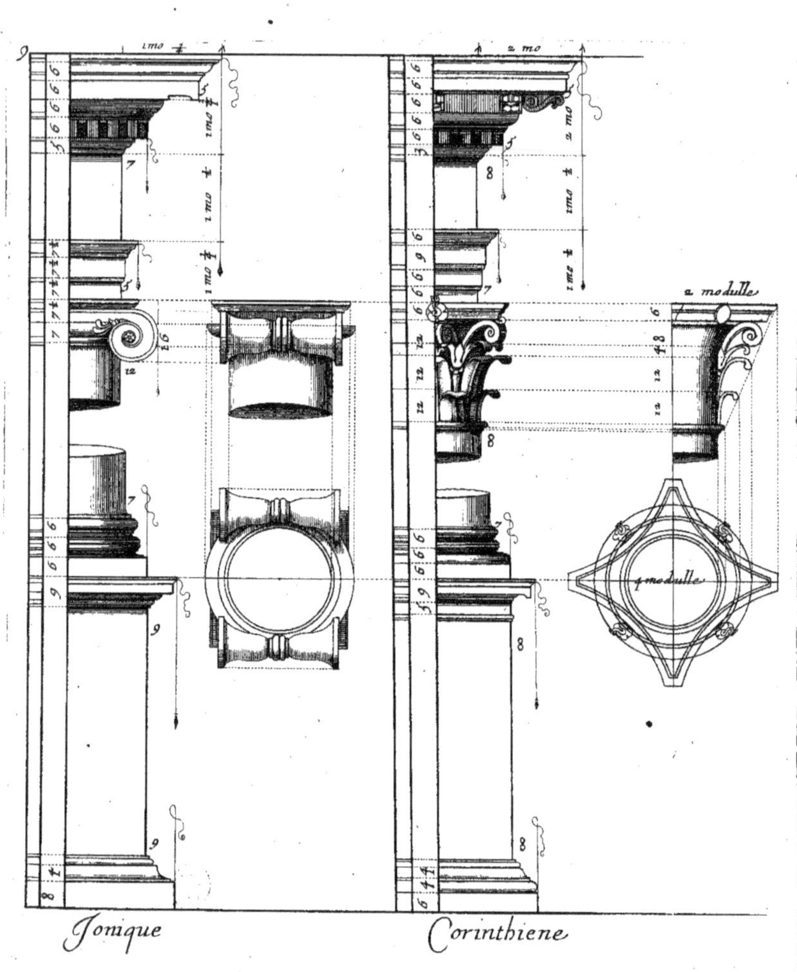

1.mo
2.mo
a modulle
a modulle
Jonique
Corinthiene

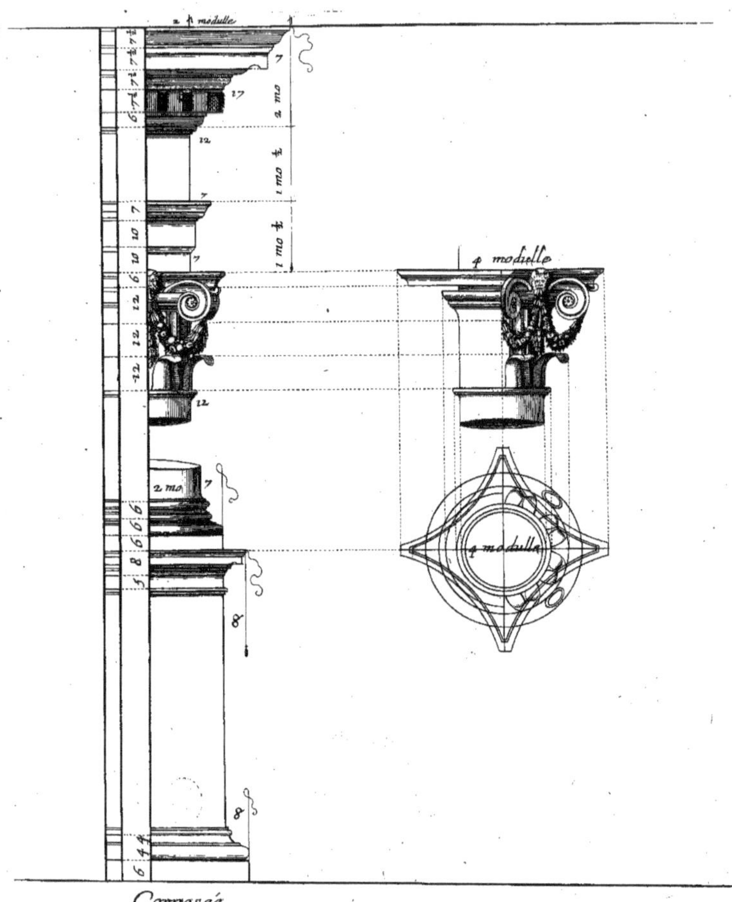

Composeé

www.ingramcontent.com/pod-product-compliance
Lightning Source LLC
LaVergne TN
LVHW011013180726
843502LV00007B/2504